KB267478

당신은 알고 있나,

아니면 믿고 있나?

한 입 크기 철학 14

당신은 알고 있나, 아니면 믿고 있나?

초판 인쇄 2025년 10월 15일
초판 발행 2025년 10월 20일

지은이 카미유 리키에
그린이 캉탱 뒤키
옮긴이 이현
감　수 김석
펴낸이 조승식
펴낸곳 돌배나무
공급처 북스힐
등록 제2019–000003호
주소 01043 서울시 강북구 한천로 153길 17
인스타그램 @bookshill_official
블로그 blog.naver.com/booksgogo
이메일 bookshill@bookshill.co
전화 (02) 994 – 0071

정가 9,000원
ISBN 979–11–90855–51–8

＊잘못된 책은 구입하신 서점에서 바꿔 드립니다.

Est-ce que tu sais ou est-ce que tu crois ?
Camille Riquier & Quentin Duckit

카미유 리키에 & 캉탱 뒤키

당신은 알고 있나, 아니면 믿고 있나?

추천사

철학은 꼬리를 무는 질문으로 삶의 의미를 찾는 여행의 나침반

건국대 철학과 김석

　〈한 입 크기 철학〉 시리즈의 새로운 네 권이 우리말로 번역되어 한국 독자들과 만나게 되었다. 네 편의 글은 우리가 살면서 한 번쯤 고민해 봤지만 쉽게 답하기 어려운 딜레마를 다루고 있다. 이는 우리가 일상에서 자주 마주하는 현상이나 문제들, 그리고 논쟁적이면서도 명쾌하게 답하기 어려운 주제에 대한 탐색이 곧 철학의 사명임을 보여 준다.

　철학은 지혜를 선사하거나 명쾌한 해답을 제시하는 학문이 아니다. 그래서 철학의 본질은 이론이 아닌 질문 자체이다. 이 시리즈는 일상생활에서 당연하게 받아들이는 문제를 깊이 있게 파고들면서 되돌아보게 한다. 그렇게 다양한 질문을 던지고 성찰하는 과정을 통해, 삶을 맹목적으로 좇기보다는 그 의미를 더 깊이 이해하고 우리를 둘러싼 세계의 복잡성을 깨달을 수 있도록 돕는다. 이론이 아닌 질문 자체가 본질인 철학의 성격을 보여 주며 진정한 '철학하기'의 필요성을 일깨우는 것이다.

한국은 이미 물질적 풍요, 선진화된 사회 인프라, 세계화의 흐름 속에서 새로운 문화와 유행을 선도하는 'K-열풍'을 통해 문화 역량 면에서도 세계적으로 주목받는 국가가 되었다. 하지만 그에 걸맞게 삶의 질이 과거보다 나아졌다고 말하기는 어렵다. 2024년 한 외국인 유튜버가 일부러 한국을 찾아 보도한 바와 같이 한국은 우울과 불안, 자살 등의 문제로 정신적으로 팍팍하고 스트레스가 많은 나라로 인식되고 있다. 실제로 우리 경제 지표는 세계 10위권에 속하지만, 삶의 만족도는 거의 최하위이며 자살률과 사회 갈등 지수도 매우 높은 수준이다.

왜 선진화된 국가로서의 외형적 척도와 삶의 만족도 사이에 이토록 큰 괴리가 생겨나는 것일까? 여러 원인이 있겠지만 그중 하나는 삶의 의미와 목적, 정체성과 욕망, 공동체에 대해 어릴 때부터 질문을 던지며 성장하지 못해 생긴 몸과 마음의 불균형에 있다. 지나치게 물질적 부와 성장을 중시하고, 서열화를 당연시하며 경쟁을 정당화하는 가치관을 주입해 온 획일적인 교육 역시 중요한 원인으로 지적할 수 있다.

이러한 경쟁적 환경 속에서 낙오한 사람들은 스스로를 '루저loser'로 여겨 자존감을 깎아내리고, 상위권에 속한 이들은 뒤처지지 않기 위해 끝없는 경쟁에 스스로를 몰아넣는다. 그리하여 한국 사회는 문자 그대로 '피로 사회'가 되었다. 이탈리아 철학자 프랑코 베라르디는 《죽음의 스펙터클》에서 한국 사회의 특징으로 "끝없는 경쟁, 극단적 개인주의, 일상의 사막화, 생활 리듬의 초가속화"를 꼽은 바 있다.

이제는 경제적으로 어느 정도 여유를 누리는 시점에서 인문학에 대한 관심도 조금씩 늘고 있지만, 여전히 우리 청소년들은 가장 고되고 삭막한 입시 환경 속에서 친구들을 밟고서라도 '좋은 대학의 유망한 학과'에 진학하기 위해 청춘을 바친다. 대학에 들어가면 또 좋은 직장과 사회적 지위를 얻기 위해 스펙을 쌓으며 다시 새로운 경쟁이 펼쳐진다. 이런 환경 속에서 '나는 누구인가'라는 질문을 시작으로 한 자기 성찰과 철학적 탐색은 뒷전으로 밀려나고, 생존 경쟁에 내몰린 청년들은 자신을 고가의 상품처럼 계발하며 소모시키고 있다. 이러한 일상이 '사막화된 삶'이라면 우리는 그 속에서 행복과 사랑, 공동체와 같은 삶의 본래 가치를 잃어버린 채 살아가고 있는 셈이다.

〈한 입 크기 철학 시리즈〉는 우리가 한 번쯤 생각하고 토론해 봤을 법한 여러 문제들을 진지하면서도 쉽게 따라갈 수 있게 풀어낸다. 과거 소개된 대표적 질문들로는 '우리 삶의 의미는 무엇인가?', '세계는 어디로 가는가?', '타자와 어떻게 공존할 것인가?', '진짜 나는 누구인가?' 등이 있다. 각

각의 책에서는 이처럼 흥미롭고 민감한 문제를 다루며, 철학이 우리의 삶과 직결된 실질적인 질문들을 다루는 학문임을 다시금 일깨워 준다.

번역자인 이현은 건국대학교 철학과에서 필자의 지도 아래 프랑스 현대 사상가 자크 라캉의 《욕망의 윤리》에 대한 석사 논문을 썼으며, 현재 프랑스에서 박사 과정을 밟고 있는 유망한 연구자이다. 이번 번역서는 그의 첫 출간물로, 철학적 내용은 충실하면서도 부담 없이 읽을 수 있는 적절한 분량의 소책자이다.

아무쪼록 코로나 팬데믹 이후 세계정세와 국가 간 경쟁이 더욱 치열해지고 이에 따라 개인들의 삶도 점점 무거워지고 있는 지금, 잠시 철학적 사유에 몰두해 보는 일이 삶을 돌아보고 새롭게 하는 데 큰 도움이 되기를 바란다. 홀로코스트 생존자이자 《죽음의 수용소에서》의 저자 빅터 프랭클 Victor Frankl은 인간의 불행과 정신적 고통은 삶의 의미를 찾지 못하기 때문이라고 보았고, 그 경험을 바탕으로 삶의 목적과 가치를 발견하는 로고테라피 Logotherapy를 창시했다. 이책이 지친 일상 속 '사막' 같은 현실에 오아시스처럼 다가와 우리를 잠시 쉬게 하고, 삶의 방향을 점검할 수 있게 돕는 나침반이 되기를 소망한다.

이번 책인 《당신은 알고 있나, 아니면 믿고 있나?》는, 지식과 앎의 문제가 오늘날 진리와 관련해 어떻게 반복되고 있는지를 묻는다.

앎과 믿음의 문제는 오랜 철학적 주제로, 중세까지는 이성과 종교의 대립 속에서 믿음이 앎보다 우위에 놓이는 종교적이고 형이상학적인 세계관이 지배해 왔다. 그러나 과학혁명과 시민 혁명으로 시작된 근대는 맹목적이고 주술적인 믿음을 보편적이고 합리적인 앎으로 대체해 가는 과정이었고, 이 과정에서 합리성은 최고의 가치로 자리 잡았다.

그렇다면 이 책의 질문처럼, 계몽된 현대인은 더 이상 믿기를 멈추고 오직 합리적인 앎만을 중시하게 되었을까? 아이러니하게도 오늘날 앎의 보편성과 절대성에 대한 의심은, 인터넷을 통한 지식 접근의 가능성이 무한히 확장된 바로 그 순간부터 시작되었다. 정보가 홍수처럼 넘치는 인터넷의 바다에서 사람들은 오히려 그럴듯한 가짜 정보에 휩쓸리며 방향을 잃고 있다.

과거에는 귀족과 성직자 등 일부 계층에 의해 지식이 독점되고 대중은 무지 속에 갇혀 있었다면, 오늘날에는 지나치게 많은 정보가 주어지면서 옳고 그름을 구별하기 어려워졌고 각자가 자신만의 진실을 믿는 '만민평등의 탈진실 시대'에 접어

들게 되었다. 문제는 이러한 상대주의적 태도가 만연하면서 각자의 확신이 마치 진실의 보증인 양 받아들여지고, 근대의 산물인 합리성 자체에 대한 신뢰가 흔들리고 있다는 점이다.

이 책은 믿음과 지식, 확신과 진실, 보편주의와 상대주의 등의 문제를 넘나들며 믿음과 앎 사이의 논쟁적 지평을 쉽게 풀어낸다. 동시에 현대 정보화 사회에서 퍼지고 있는 회의주의, 감성적이고 즉자적인 지식 소비 태도, 그리고 역설적으로 거대한 지식의 틈을 타고 확산되는 맹목적인 신념과 가짜 뉴스의 현상도 분석한다. 이는 현대 문명의 구조적 운명이기도 한데, 오늘날 인터넷에서 지배력을 가지는 것은 엄밀하게 논증된 지식이 아니라 많은 이들이 '따르는' 의견이기 때문이다.

그렇다고 해서 디지털 시대의 인터넷을 떠나 과거로 회귀할 수도 없다. 이 책은 뾰족한 해결책을 제시하기보다는, 디지털 환경과 자극적인 이미지가 어떻게 주관적 신념과 맹목성을 확산시키는지를 비판적으로 분석하는 데 초점을 맞춘다. 중요한 것은 지식 그 자체보다 그것을 대하는 우리의 태도다. 근대 이후 새로운 지식의 탐구와 세계관의 전환은 언제나 의심과 회의를 통해 이루어졌다는 사실을 떠올려야 한다.

이처럼, 앎과 믿음의 문제는 여전히 우리에게 중요한 화두를 던지고 있다.

F(x) = a + Σ -y'(x -
R = Σ(x₁ - x̄)(y₁ - y) / Σ
e = 2a - 2,12
d
b
R = 25°
HMR
y = cos x
-b ± √D / 2a

'신앙'과 '이성'
오래된 싸움?

이성과 신앙의 갈등은 익숙한 이야기이다. 그리고 교과서에서는 이 갈등을 마치 오래전 일인 양 말한다. 우리는 처음에 그 갈등이 기만적이었다고 배운다. 그 이야기는 과학과 종교가 어떤 합의점을 찾으려는 시도에서 시작되었다. 과학과 종교는 서로 양립할 수 없는 세계관을 제시했다. 중세 시대에는 이 둘이 양립 가능한 듯 보였지만, 이는 교회의 달콤한 술책과 하찮은 모략에 지나지 않았다. 그리고 17세기에 현대 과학이 등장하면서 교회는 과학에 맞서 일어섰으며, 적대감을 표함으로써 그 민낯을 드러냈다.

이탈리아 과학자 갈릴레오의 재판이 그 대표적인 사례이다. 교회는 태양이 지구 주위를 돈다고 믿었다. 갈릴레오는 관측을 통해 지구가 태양 주위를 돈다는 정반대의 결론, 지동설에 도달했다. 1633년, 종교 재판소는 갈릴레오를 이단으로 규정하고 그에게 징역형을 선고했다. 그들은 신앙의 권위에 기대어 자신들을 정당화할 수 있는 힘을 가지고 있었다. 그러나 이성과 경험은 갈릴레오의 편이었고, 그는 어쩔 수 없이 발언을 철회했지만 속삭이듯 계속 주장했다. "그래도 지구는 돈다!" 갈릴레오는 일단 진실이 드러나기 시작하면 그것을 막을 수 없으며, 결국 언젠가는 진실이 승리하게 되어 있다는 사실을 알고 있었다.

그러나 교회는 초기 과학의 성장에 걸림돌이 되었다. 이 시대는 편을 가르고 적을 지목하던 때였다. 18세기 계몽주의는 진보라는 개념을 원동력 삼아 과거의 멍에를 벗어던진 시기였다. 과거와 단절하고 이성을 통해 인간을 해방해야 했다. 교회는 군주제에 의해 보호받았고, 혁명 세력은 새로운 사상을 내세워 동맹을 맺었다. 이 길고 격렬한 갈등은 프랑스 혁명에 이르러 절정에 달했다. 그리고 19세기에 걸쳐 공화국을 수립하고 앙시앵 레짐[1]으로 돌아갈 위험을 종식한 1905년, 법은 정교분리를 공포함으로써 신앙과 이성의 갈등을 끝냈다. 여전히 신앙은 예배의 장소를 가질 수 있었지만, 철저하게 개인의 사생활에 속한다. 그리고 신앙이 시민 사회의 공적 영역을 침범하지 않도록 하는 것은 바로 국가의 몫이다.

---

[1] 프랑스 혁명 이전의 구체제를 가리키는 용어로서, 오늘날은 기존의 낡고 무능력한 정권이나 체제를 가리키는 용어로 사용된다.

지식을 가르치는 것만으로는 충분하지 않다
결국 필요한 건 깨우침이다

근대는 이 갈등을 기반으로 구축되었으며, 이를 극복했다. 그리고 이 위대한 이야기는 세속적이고 의무적인 초등 교육을 통해 새로운 세대의 학생들에게 전수되어 우리의 의식을 형성해 왔다. 오늘날에도 우리는 계몽주의의 계승자이다. 그러나 과학 정신을 발전시키려면 더 많은 노력이 필요하다. 우리는 이 오래된 갈등으로부터 벗어나 평화를 이뤄 냈지만, 그 과정에서 치른 대가 역시 기억해야 한다. 따라서 지식을 가르치는 것만으로는 충분하지 않다. 다시 말해, 학생들이 자율적인 이성의 사용에 익숙해지기 위해서는 깨우쳐 주는 것이 필요하다. 교실에 들어가기 전에 학생들은 자신의 믿음을 문 앞에 두고 가도록 요구받으며, 원할 경우 나가는 길에 그 믿음을 다시 가져갈 수 있다. 그러나 교실에 있는 동안 학생들은 편견 없이 지식에 자신을 내맡겨야 한다. 아이들도 앎과 믿음은 별개라는 사실을 스스로 구분할 수 있어야 한다.

후퇴인가,
아니면 믿음으로의 회귀인가?

　　　　　20세기 초, 독일의 사회학자 막스 베버Max Weber는 '탈주술화Entzauberung'라는 개념을 공식화한다. 3세기 전에 탄생한 현대 과학은 대다수 사람들의 신뢰를 얻었고, 그 덕분에 생활 환경이 개선되었다. 기술 발전은 마법과 종교적 믿음을 밀어냈다. 상상 속에서 자연을 지배하던 신비한 힘은 사라졌다. 현대인은 이성이 통제할 수 없는 원인 없이는 결과도 없다는 과학적 세계관에 기초하여 결정을 내린다. 믿음에는 이제 더 이상 생명력이 없다. 물론 믿음에는 어린 시절과 다시는 돌아오지 않을 과거의 매력이 있다. 요정, 마술사, 용이나 밤의 신들은 문학과 영화의 세계에 합류했다. 이제 그런 것들은 믿지 않아도 즐길 수 있는 허구에 불과하다.

　하지만 신앙과 이성 사이의 문제가 해결되었다고 생각했던 세속화된 유럽 사회에 이슬람과 같은 동양 종교가 등장하면서 다시금 이 문제가 되살아나고 있는 것 같다. 기독교에서 벌어진 일을 이슬람에서도 반복하고 싶게 하는 유혹이 있을 것이다. 사실 프랑스는 공화국의 가치와 양립할 수 있

는 계몽된 이슬람을 요구하며 그 역할을 다하고 있다. 하지만 이는 무슬림의 미래를 기독교인의 과거로 보는 것과 마찬가지이다. 마치 계몽주의 이후 믿음의 문제는 더 이상 발생하지 않았고, 이 놀라운 믿음의 회귀는 과거의 반복일 뿐인 양 말이다. 하지만 정말일까? 우리는 정말 믿기를 그만둔 걸까?

새로운 지식 체제,
인터넷

우리는 1990년대에 인터넷이 등장하면서 모든 사람이 지식에 자유롭게 접근할 수 있게 되었다고 알고 있다. 하지만 정말로 그럴까? 어느 쪽이라고 단정하기는 시기상조다. 엄청난 변화가 진행 중이며 그 영향은 아직 완전히 파악되지 못했다. 그러나 IT를 단순히 디지털 처리를 통해 정보를 보관하고 전송하는 보다 효율적인 기술적 수단으로만 보는 것은 실수이다. 인터넷은 중립적인 수단이 아니다. 인터넷의 힘과 전송 속도는 기존의 업무 방식을 파괴하고 메시지에 새로운 형태를 부여하는 동시에 그 내용도 변화시켰다. 인터넷은 새로운 지식 체제를 도입했다.

300여 개 언어와 수백만 개의 문서로 세계에서 가장 많이 참조되는 백과사전이 된 위키피디아^{Wikipedia}는 부인할 수 없는 성공 사례로서 이를 완벽하게 증명한다. 저자 없이 지식의 교환과 인터넷 사용자들의 자유로운 기여를 바탕으로

서로의 작업을 수정한다. 그 정보의 질은 천차만별이지만 일반적으로는 신뢰할 수 있다.

그럼에도 불구하고 교육을 책임지는 사람들은 일부 학생들이 인터넷을 과도하고 시기적절하지 않게 사용하는 현실을 개탄할지도 모르겠다. 지식에 대한 직접적인 접근은 권위의 수직적 관계에 도전함으로써 기존의 위계질서를 뒤집어 놓았다. 수업 시간에 산만한 학생은 불확실한 여러 블로그를 참고하여 벼락치기 시험 복습을 한다. 반면 호기심이 많은 학생은 교사의 지도가 불필요하다고 판단되면 익명의 거대한 보물창고인 인터넷에 빠져들면서 교사의 지도로부터 자유로워질 수 있다. 많은 사람들이 지식을 보장하는 학교, 대학, 기존 언론과 같은 기관을 우회하고 있다. 여러 튜토리얼들과 MOOC(대규모 공개 온라인 강좌)의 등장으로 자신만의 의견을 형성하고 스스로 가르치는 것도 가능해졌다. 이제 스마트폰을 가진 아이는 현명한 노인의 기억력에 필적할 수 있다. 딱 하나 사라질 인물이 있다면 그건 학자이다.

"

이미 안다고 생각한 것에 대한
의심은 인간의 정신에 대단히
폭력적인 상태다. 의심은 오래
버티지 못하며, 이런저런 방식
으로 결국은 결정된다. 그리고
아무것도 믿지 않는 것보다
차라리 기만당하기를 선택한다.

"

장 자크 루소
Jean Jacques Rousseau

하지만 오늘날처럼 개인이 방향을 잃고 고립된 적은 없었다. 교사, 기관 등 지식의 중개자가 사라지고 있다. 그리고 알아야 할 것들이 너무 많아졌다. 마우스 클릭 한 번으로 모든 것이 손에 닿는 거리에 있고 사용 가능한 듯 보이지만, 과연 무엇이 존재하는지 제대로 파악할 수 있을까? 마치 과학을 한 접시에 담아 건네준 것 같지만, 과학은 손에 넣었다고 생각하는 순간 사라져 버린다.

많은 사람들은 서로 모순되는 정보들에 압도당하고 있다. 인터넷에서 모든 것을 찾을 수 있지만, 검증된 정보보다 가짜 뉴스가 더 많다. 가짜 뉴스는 더 매력적이고 더 빠르게 유포된다. 이러한 확산의 결과로 눈앞에서 의견이 일반화되는 평준화가 일어나고 있다. 많은 생각들은 경매에 부쳐지고, **사실 자체에 대한 합의가 불가능해지고 있다.** 의심은 도처에 존재하며, 가장 확고한 확실성마저도 불안정하게 만들고 있다. 어떤 사람들은 인간이 정말 달 위를 걸었는지, 2001년 9월 11일의 테러가 실제로 일어났는지 궁금해한다. 어떤 사람들은 지구가 둥글다는 사실에 의문을 품기도 한다. 왜 지구는 보이는 것처럼 평평하지 않아야 할까? 그 무엇도 지식과 우리를 분리하지 않는데, 지식이 부족하다는 사실을 어떻게 설명할 수 있을까?

물론 조작과 거짓말은 항상 존재해 왔고, 때로는 정부 최고위층에서 조율된 경우도 있었다. 하지만 악질적인 의도나 음모론을 이야기하는 사람들은 디지털 혁명의 규모를 제대로 파악하지 못한 것이다. 진실을 숨기려면 오히려 진실을 알아야 하기 때문이다. 이 양상은 기존의 양상과 전혀 다르다. 대낮의 강력한 빛이 오히려 사물의 윤곽을 흐려지게 만들듯이, 강력한 효율성은 사실과 생각의 견고함을 해체하겠다고 위협하는 강렬한 빛 그 자체이다. 사물은 눈앞에 있지만, 그 사물을 둘러싼 거짓된 가식에 가려 우리는 더욱 혼란스러워진다.

따라서 진실은 우리의 시선을 사로잡는 무수한 이미지와 뒤섞였고, 각각 이미지들은 오히려 더 큰 소리를 외친다. 우리는 더 이상 진실을 보지 못하고 듣지 못한다. 상대주의가 승리한 모양이다. 2016년 옥스퍼드 사전이 올해의 단어로 선정한 '탈진실Post-truth'의 시대에 접어든 것이다.

편견과 미신으로의
회귀

　　　　물론 디지털 혁명이 가져온 생활 방식과 사고방식을 디지털 혁명이 책임져야 하는 것은 아니다. 그럼에도 불구하고 디지털 혁명은 진실에 대한 무관심을 특징으로 하는 지식과 새로운 관계를 구축했으며, 만약 약간이라도 진실이 불편하게 느껴진다면 그 역시 하나의 의견에 불과하다고 치부한다. 이것이 우리가 직면한 역설이다. 현대 민주주의 국가의 교육 수준이 그 어느 때보다 높은 시기에 점성술, 영성주의, 정령 숭배, 샤머니즘, 투시 등 특정 믿음, 심지어 편견과 가장 공상적인 미신이 부활하고 있다. 인터넷에는 이런 종류의 사이트와 종말론, 음모론, 근본주의 블로그들이 무수히 많다. 초연결 세계에 대한 믿음의 확산은 지난 세기가 대비하지 못했던 놀라운 일 중 하나이다. 사람들은 보편적인 지식을 갈망했다. 디지털 미디어는 이러한 믿음을 충족할 수 있는 무언가를 제공했다. 오늘날 무엇을 믿을 수 있는지 스스로에게 묻지 말자. 무엇이든 믿을 만한 것이 될 수 있고 믿음의 대상이 될 수 있다. 그리고 신을 믿는다는 것은 수많은 선택지 중 하나일 뿐이다. 그러

나 세상은 모든 종류의 신자들로 가득 차 있기 때문에 '믿는' 것이 무엇을 의미하는지, 그리고 가장 일반적인 행위 중 하나가 어떤 의미에서 그렇게 의심스럽고 심지어 부정적인 것으로 변했는지 스스로에게 물어 보아야 한다.

소외된 분야,
믿음

내일 날씨가 좋을 것이라고 믿는 것은 추측이다. 상인이 거짓말쟁이라고 믿는 것은 의견이다. 나쁜 징조를 믿는 것은 미신이다. 마지막으로, 신을 믿는 것은 신앙의 문제이다. '믿다'라는 동사는 모든 곳에서 모든 의미로 사용된다. 그러나 그 의미는 상황에 따라 다르다.

종종 철학은 절대적 진리를 이상적인 수준으로 끌어올리면서 선별 작업을 하는 것이 유용하다고 판단하지도 않았으며, 무지로부터 지식을 구분하는 많은 매개체도 이를 소홀히 해 왔다. 프랑스 철학자 알랭Alain은 "안다는 것은 안다는 사실을 아는 것"이라고 말했다. 다시 말해, 아는 사람은 더 이상 믿을 필요가 없다는 뜻이다.

진실과 거짓 사이의 어딘가에 위치한 믿음은 가능성과

'어쩌면'이라는 흐릿한 물속을 헤엄친다. 이를 옹호하기 위해 제시된 이유나 그것이 만들어 내는 지지의 강도와 관계없이, 믿음은 그 대상의 실체를 입증할 수 없다. 몇 가지 단서가 모이면 가능성이 높아질 수는 있지만 그렇다고 해서 믿음이 지식이 되는 것은 아니다. 다시 말해, 철학은 믿음을 실격 처리했다. 철학은 믿음에 결핍이라는 낙인을 찍음으로써 믿음의 복잡성을 무시하고 그 의미의 다양성을 한데 모았다.

독일의 철학자 이마누엘 칸트^{Immanuel Kant}는 믿음을 '참이라고 여김^{Fürwahrhalten}'으로 정의함으로써 이 틀을 더욱 유연하게 만들었다. 이 광범위하고 포괄적인 정의는 의견, 믿음, 지식을 서로 다른 믿음의 방식으로서 같은 척도에 놓을 수 있게 해 준다. 따라서 믿음은 판단의 주관적 가치가 되며, 충분하거나 부적절하다는 나의 인식에 따라 가변적이다. 가장 낮은 단계는 의견으로, 확신이 없기 때문에 믿는 약한 믿음이다. 중간 수준은 객관적으로 불충분하지만 이미 강한 신념인 믿음으로, 나는 그것을 굳게 믿기 때문에 확신한다. 마지막으로 가장 높은 수준은 다른 사람에게 전달할 수 있는 지식이다. 이성은 객관적인 견고함을 부여하고 확신을 지식으로 전환한다. '나는 확신하기 때문에 확고하게 믿는다.'

"

오인하는 사람이
아무리 그 오류를
강하게 고수한다고 해도,
우리는 그 사람이
확실한 상태라고
말하지 않는다.

"

바뤼흐 스피노자
Baruch Spinoza

믿음에 대한 불신으로 인해 칸트는 더 이상 자신의 분석을 진행하지 못했다. 그러나 18세기 스코틀랜드의 철학자 데이비드 흄David Hume의 말을 빌리자면 '철학의 가장 위대한 미스터리 중 하나'로서 믿음은 여전히 거대한 연구 분야로 남아 있다.

확신한다고 해서 믿음이 아닌 지식을 가지고 있다고 말할 수 있을까?

앎에 대한 확신이 우리가 진리, 즉 지식을 가지고 있다는 신호라면 이는 과학자의 특권임에 틀림없다. 상상력의 영향을 받아 신자는 거짓된 것을 강하게 고수한다. 그는 의심하지 않지만 확신하지도 않는다. 그가 전적으로 믿었던 것과 모순되는 다른 생각이 떠오른다면, 그 판단을 중단하고 믿음을 멈출 수도 있다. 아이는 어둠을 두려워하고 유령을 믿는다. 잘못된 생각에 빠진 아이는 모든 관심이 쏠리게 하는 유령들을 무서워한다. 그러나 유령이 존재하지 않으며 부모가 종종 자신을 안심시켰다는 사실을 동시에 기억한다면, 그 아이는 다시 잠들 것이다. 따라서 그 아이는 믿으면서 알지 못했던 것이다. 아는 사람 역시 의심하지 않는다. 그렇다

면 확실하게 확신한다고 말할 수 있는 사람은 오직 과학자
뿐일 것이다.

　그러나 확신은 특히 신자가 구원이 간절할 때 어떤 학자
에게도 양보할 수 없는 것이 된다. 그의 눈에 믿음은 아무리
구체적이지 않고 위협적일지라도 가장 확고하고 확실한 것
이다. 그리고 그는 신에 대한 자신의 믿음은 흔들리지 않는
토대 위에 있다고 반박할 것이다. 다시 말해, 신앙을 가진
사람과 과학자들은 각자 자신의 확실성에 의존한다는 점에
서 같은 비타협성을 갖는다. 그리고 둘 다 자신이 틀렸다고
확신할 만한 근거 없이, 언제나 자신의 확신 뒤에 숨을 수
있다.

　또한 아무리 강한 확신도 생각보다 취약할 수 있다. 예를
들어 서로 의견이 전혀 일치하지 않는 두 사람이 사실을 확
신하는 듯 보일 때, 한 사람이 내기를 시작하면 다른 한 사
람은 이를 피하는 경우가 있다. 자신이 믿는 진리를 지키기
위해 얼마나 많은 돈을 걸 준비가 되었는가? 비용을 지불해
야 한다면 그것을 주장하는 데 덜 오만해질 것이다. 칸트에
게 내기는 다른 사람의 주장이 모든 사람에게 타당한 '확신
Überzeugung'인지, 아니면 자신에게만 타당한 '신조Überredung'
인지를 알아보는 방법이었다.

하지만 안타깝게도 내기만으로는 확실성을 보장할 수 없다. 종종 기괴한 미신으로 간주되는 것에 어떤 사람들은 자신의 재산보다 훨씬 더 많은 것을, 때로는 자신과 사랑하는 사람의 목숨까지 희생한다. 즉 신자들은 자신의 의견에 대한 확실성을 고수할 수 있지만, 다른 사람들보다 더 큰 소리

로 외친다고 해서 더 설득력이 있는 것은 아니다. 자신이 믿고 있는 진리가 승리하기 위해 싸우는 열정은 때때로 마음 깊은 곳에 확신이 부족하다는 신호일지도 모른다.

그리고 편협함은 결코 멀리 있지 않다. 자신의 확신에 대한 학자의 태도는 종종 다르다. 신앙의 진리를 위해 모든 것을 희생할 준비가 되어 있는 신자들과 달리, 과학자들은 이성의 진리를 버릴 때 그들 같은 양심의 가책을 느끼지 않는 경우가 많다. 지구가 태양 주위를 돈다는 주장을 철회한 갈릴레오와 천동설을 전제로 한 《자연의 빛에 의한 진리》 출판을 포기한 데카르트의 경우가 대표적이다. 그들은 믿음을 포기했을까? 아니다. 하지만 그들은 진리를 애써 방어할 필요는 없다고 생각했다. 지구가 태양 주위를 돈다는 사실을 부정할 수는 있지만, 이를 막을 수는 없기 때문이다.

우리는 언제나 합리성
그 이상의 믿음을 갖는다.

확신은 아는 것과 믿는 것을 구분하는 적절한 기준이 될 수 없다. 우리가 해야 할 일은 잘못되었다고 판명된 확신들을 기억하는 것뿐이다. 자신의 오류를 인식하면, 확신하지는 못해도 과거에 어떤 것을 믿고 있었다고는 말할 수 있다. 돌이켜 봐야 이런 구분이 가능하다. 당시에는 확신했고 당연하게 생각했다.

지적 정직성은 충분한 증거 없이는 절대 믿어서는 안 됨을 의미한다. 상상력은 종종 사람들을 사로잡아 가능성에 불과한 것을 사실로 받아들이게 만들기 때문에, 적어도 각자가 믿는 이유를 체계적으로 검토하여 생각을 통제하는 데 주의를 기울여야 한다.

하지만 그게 항상 가능할까? 예를 들어, 대통령 선거에서 시민들은 후보를 뽑을 때 자신이 믿는 후보를 선택한다. 그리고 그들이 정치 활동가라면 다른 후보보다 그 후보를 선호하는 이유를 제시하여 다른 사람들을 설득하려고 노력할 것이다. 그러나 그 후보가 대통령으로 당선되면 어떤 일이 일어날지 확실하게 예측할 수는 없다. 후보가 약속을 어기고 공약을 지키지 않을 수도 있고, 이에 실망할 수도 있다. 이때 신뢰가 필요하다. 그렇기 때문에 우리는 언제나 합리성 그 이상의 믿음을 갖는다. 믿음이란 것은 무엇보다 미래를 향해 열린 신뢰이기 때문이다. 사람들은 믿음의 기초가 견고하기 때문이 아니라 기대하는 유익한 결과 때문에 믿음을 붙잡는다.

의견,
지식인가? 믿음인가?

　　　　　믿음과 지식을 구분할 수 없다면 자신의 무지를 인정해야 하지 않을까? 이 질문은 기원전 5세기 그리스에서 철학의 탄생을 알린 소크라테스^{Socrates}가 처음 던진 것이다. 델포이의 신은 소크라테스를 가장 많이 배운 사람이라고 선언했다. 자신은 아무것도 모른다고 생각한 소크라테스는 자신보다 더 많이 아는 사람의 이름을 대고 신탁을 반박하고 싶었다. 그는 아테네의 거리를 돌아다니며 진리를 알고 있다고 주장하는 모든 사람들에게 질문하기 시작했다. 변호사에게는 정의가 무엇인지 물었다. 선한 사람에게는 미덕이 무엇인지 물었다. 그리고 그들 모두가 자신만큼 무지하다는 것을 깨달을 때까지 계속 질문했다. 그러나 소크라테스는 자신이 모른다는 사실을 알고 있는 반면, 다른 이들은 그들이 실제로는 믿고 있는 상태임을 눈치채지 못한 채 알고 있다고 생각했다는 점에서 신탁은 옳았다. 그들이 믿는 것은 그리스인들이 '억견^{doxa}', 즉 의견이라고 부르는 것이다.

　　의견은 실제로는 지식이 아니면서 지식의 모습을 가지고 있다. 인간의 허세와 교만의 열매인 의견은 스스로를 무시하는 믿음이다. 의견을 반박하고 거짓 학문을 드러내는 소크라테스의 강력한 기술은 상대의 오만함을 경시하기 때문에 상대를 불쾌하게 만든다. 그러나 그는 미덕을 지향하고 자신을 영혼의 의사라고 여겼다. 진정한 지혜는 무엇보다도 자신이 모르는 것을 안다고 생각하지 않는 데서 비롯되기 때문이다.

믿음,
정신적 실체인가? 사회적 구성물인가?

그런데 개인이 자신이 믿음이 아니라 지식을 가지고 있다고 말하는 것은 그 믿음이 특정한 정신 상태를 의미한다는 것일까? 예를 들어 나는 북유럽 신화에 관한 책을 읽었다. 고대 스칸디나비아 민족은 여러 신을 '믿었고', 멋진 생물들이 그들의 세계에 마법을 걸었다는 사실을 알게 되었다. 하지만 그들은 '믿었다'고 말하지 않았을 것이다. 폭풍이 몰아쳤을 때 그들은 우리처럼 천둥과 번개를 보지 못했다. 오딘의 아들인 토르의 분노를 보았고, 그의 망치 두드리는 소리를 들었다. 요컨대, 그들은 '알고' 있었다. 그들의 세계는 외부 관찰자인 나에게만 하나의 믿음

체계로 보인다. 그리고 그들의 믿음은 환상이기 때문에 나는 그들의 믿음이 상상의 산물이며, 그들의 현실은 정신적인 것이라고 결론을 내린다.

하지만 그들의 세계에 믿음 체계를 부여한 사람은 바로 나다. 만약 믿음이 그 사람의 머릿속에만 있었다면 이를 어떻게 무시할 수 있으며, 나는 어떻게 지식을 가지고 있다고 말할 수 있을까? 믿음이 내면적인 것이라면 직접적으로 경험할 수 있어야 한다. 하지만 그게 가능할까? 누군가에게 '비가 오는 것 같다'고 할 때, 내가 말하는 현실은 어떤 현실인가?

영국의 철학자 조지 에드워드 무어는 '지난 화요일에 영화관에 갔는데, 내가 거기 있었다는 것을 믿지 않는다.'라는 역설을 공식화한 것으로 유명해졌다. 이 문장은 왜 이상하게 느껴질까? 현재 직설법 시제에서 역설적이고, 논리적 모순까지 포함할뿐더러 '……라고 생각한다.'로 끝내는 나쁜 버릇이 있는 사람처럼 '……라고 믿는다.'고 말하는 것은 명제에 아무 기여도 하지 않기 때문이다. 그리고 '비가 내리고 있지만 나는 그것을 믿지 않는다.'고 하는 것은 이를 사실이라고 믿는 순간 오류의 책임을 스스로에게 돌리는 터무니없는 짓이다. 역설적이게도 그렇게 믿지 않는 사람만이 믿음을 귀속시킬 수 있는 유일한 주체인 것이다.

그런데 믿음이 정신적인 관념이 아니라면, 오히려 같은 믿음을 공유하지 않는 개인 간의 관계의 영향이 아닐까? 철학자이자 인류학자인 브루노 라투르Bruno Latour는 한 사람이 타자는 오직 믿기만 하지만 자신은 모든 것을 알고 있다고 할 때마다 그곳에 믿음이 있다고 말한다. 이는 '모든 사람은 자신의 관례에 비추어 낯섦을 야만이라고 부른다.'는 몽테뉴Montaigne의 정의와도 연결된다. 이 '믿음에 대한 믿음'이 모습을 드러낸 것은 16세기, 근대의 도래와 함께였다. 학식과 기독교 신앙을 지닌 유럽은 신대륙을 발견하기 위해 출발했고, 정복 과정에서 수많은 '신자'로 채워진 신대륙은 서로 다른 문화 간의 대립을 필요로 했다. 결국 믿음은 항상 타자, 즉 유럽이 '발견'한 아메리카 원주민 문명이라는 타자와 자신을 비교함으로써 구성된다. 그렇다면 믿음이라는 개념은 근대성이라는 거대한 서사에 의해 발명되고 과학과 종교 사이의 오랜 갈등을 통해 통합된 사회적 구성물에 지나지 않을 것이다.

"

밑음은
정신 상태가 아니라
사람들 간의 관계에서
비롯된 결과이다.

"

브루노 라투르
Bruno Latour

아는 것과 믿는 것은
관점의 문제인가?

그렇다면 내가 아는지 믿는지에 대한 질문에 어떻게 답해야 할까? 믿음이 서로 다른 문화 또는 개인 간의 관계의 결과라면, 각자의 입장에 따라 대답이 달라져야 하지 않을까? 이때 우리는 한 사람은 알고 다른 한 사람은 믿는다거나, 한 사람은 알고 있고 상대방은 자신이 믿었을 뿐이라는 사실을 깨닫게 되었다고 말할 수 있다. 나의 지식이 사실 믿음이라는 분석은 언제나 '상대방의 관점'에서만 가능하다.

때때로 내가 믿고 있는 것에 대해 말하거나 내가 믿는 대상에 대해 말하기도 한다. 하지만 자신의 믿음을 외부에서 관찰한다면 잠시 그 믿음을 유지하지 않을 수 있다. 이러한 분리 덕분에 객관성을 논하거나 상대를 설득하거나 반박할 수 있다. 그리고 믿지 않는 사람의 눈으로만 보게 되면 믿음은 대체로 의견에 지나지 않는 경향이 있다. '거류 외국인 métèque', 즉 다른 나라 사람의 눈으로 그리스 도시를 바라본 이방인이었던 소크라테스의 태도에도 의심할 여지없이 비슷한 점이 있다. 지식의 겉모습 아래에 숨겨진 의견을 사람들

에게 드러내려고 노력하기 때문에

이로써 디지털 생활이 왜 이 시대를 이토록 일반화된 상대주의로 기울게 만들었는지 더 잘 이해하게 되었다. 매일 전달되는 수많은 이미지의 흐름에 휩쓸려 중요한 것과 불필요한 것, 심지어 진실과 거짓을 구분하기 어려워졌다. 우리는 인터넷을 여행하는 대신 보이는 것만을 탐색한다. 사람은 계획된 목표 지향적인 경로를 따르지 않고 순간의 기분과 시류에 따라 움직이기 때문이다. 시간이 유동적이듯 공간 역시 파편화되어 있다. 인터넷에서는 글을 읽지 않고 검색을 하기 때문이다. 우리의 주의는 방황하고 각 순간을 다음 순간으로 연결하는 데 어려움을 겪고 있다. 이제 결정은 장기적인 목표의 일부가 아닌 순간의 제스처에 불과하게 되었다. 검색 기록은 지난 여정의 위험한 기록을 남기지만, 우리의 기억은 이를 거의 즉시 잊어버린다. 방향키가 없다면 어떻게 게으름에 빠져 표류하지 않도록 피할 수 있을까? 클릭 한 번이면 원하는 목적지에 쉽게 도달할 수 있기에 우리는 충동과 직접적으로 연결되어 있다.

따라서 쾌락과 두려움 혹은 심지어 시기, 분노, 증오까지도 우리의 생각을 지배할 수 있다. 여기서 비난받아야 할 것은 도구 그 자체가 아니라 그것을 잘못 사용하는 개인이다. 그러나 기술은 그것을 사용하는 사람보다 훨씬 앞서 있기 때문에 이를 통해 더 고귀한 열망을 충족하기까지는 오랜 시간이 걸릴 것이다.

내가 단순히 믿는 것과 정말로 아는 것을 어떻게 구분할 수 있을까?

광기가 기계에 스며들어 무엇이든 믿을 수 있는 상황이 되었다면, 우리가 진정으로 믿는 것인지 아니면 단순히 지식에 대한 선호를 잃어서 믿기 시작한 것인지는 확실하지 않다. 이제 믿음과 지식의 문제가 아니다. 왜냐하면 더 이상 어느 한쪽이 지면 다른 한쪽이 이기는 제로섬 게임이 아니기 때문이다. 모른다고 해서 무식한 사람이 신자가 되는 것도 아니고, 믿지 않는다고 해서 불신자가 유식한 사람이 되는 것도 아니다. 어쩌면 우리는 양쪽 모두에서 패배한 것인지도 모른다. 몽테뉴가 말했듯이 이제 '우리는 더 이상 안다는 것이 무엇인지, 믿는다는 것이 무엇인지 알지 못한다.'고 할 수 있다. 둘 다 사라졌다. 그리고 그 자리를 의견이 차지했다. 의견은 지식이나 믿음이 아니면서 지식이나 믿음의 모습을 취할 수 있는 능력을 가졌기 때문이다.

인터넷에서 지배적인 것들은 의견이다. 내가 습득하는 지식이 종종 소문에 지나지 않듯, 내가 스스로에게 귀속시키는 믿음도 실제로는 내 것이 아니다. 그것은 신뢰와 충실이 특징인 헌신적 믿음과는 달리 익명의 타인의 시선에 의해 스스로에게 부여한 의견일 뿐이다. 그렇다면 아는 것과 믿는 것을 어떻게 구분할 수 있을까? 내가 그 의견을 다른 사람들과 공유하는지 여부에 따라 단순한 의견이 아닌 지식

또는 믿음의 형태를 취한다는 점을 제외하면 말이다.

지구 온난화는 지식 또는 믿음의 대상인가? 내가 기후 위기 회의론자라면 그런 의견은 믿음에 지나지 않는다. 그러니 나는 이렇게 말할 것이다. '나는 모른다. 그러나 다른 사람들이 알고 있다고 생각하는 것은 단지 믿음일 뿐이다.' 반면에 내가 이 의견을 진리라고 믿는다면 그것은 나에게 지식이 된다. 그러니 나는 이렇게 말할 것이다. '나는 알고 있다. 그러나 몇몇 사람은 명백한 사실을 부정하면서 지구 온난화를 믿지 않거나, 자신의 이익 때문에 지구가 더워지지 않는다고 믿고 싶어 한다.'

믿음은 지식의 문제인가, 의지의 문제인가?

지식이 이토록 그 어느 때보다 쉽게 접근 가능하면서 부족했던 적은 없었다. 마찬가지로 믿음도 그 어느 때보다 통제 불가능하고, 넘쳐나고, 동시에 부족했던 적도 없었다. 인터넷에 연결된 우리의 삶은 점점 더 디지털화되어 현실과 상상의 관계를 변화시키고 있다. 디지털 세계에 빠져들다 보면 어떤 사람들은 현실과 단절된 채 마치 꿈속에서 살고 있다고 느끼기도 한다. 이는 디지털 이미지가 꿈 이미지 특유의 성질을 가지고 있어 행동을 자극하기보다는 억제하는 직접적인 효과를 지니기 때문이다. 지각된 이미지는 감각적이고 운동적이다. 이미지는 응답을 기다리는 전화다. 우리는 즐거움을 위해 지각하는 대신 우선 행동하기 위해 지각한다.

미국 철학의 한 흐름은 믿음을 '행동하려는 성향'으로 재정의함으로써 결정적인 한 걸음을 내디뎠다. 지식과 믿음의 구분은 잘못되었다. 그리고 이에 반대하는 것은 무의미하다. 지식과 달리 믿음은 본질적으로 의지와 행동과 연결되어 있기 때문이다. 다시 말해, 내가 지각하는 것이 그것에 대한 어떤 행동을 유발한다면 나는 실상 그 세계의 실재를 믿고 있는 셈이다. 나의 운동 활동은 감각 활동의 직접적인 연장선상에 있다. 그것은 나를 둘러싼 현실과 나를 하나로 묶는 근원적인 연결 고리를 증명한다.

디지털 화면은 세계에 대한 높은 접근성을 제공하지만, 디지털 화면이 제공하는 감각적 이미지는 이미지가 가지고 있는 원동력을 단절시킨다. 행동하지 않고 바라보는 습관이 늘어난 것은 더 이상 행동할 수 없는 사물들을 바라보고 있기 때문이다. 철학자 질 들뢰즈Gilles Deleuze에 따르면, 우리는

이제 "반응할 수 없기 때문에, 즉 생각할 수 없기 때문에 모든 것을 더 잘 보고 더 멀리 보는 선견자의 심리적 상황에 처해 있다." 모든 '텔레téle('멀리'라는 뜻의 그리스어)' 덕분에 나는 움직이지 않고도 전 세계를 날아다닐 수 있지만, 그것을 정말로 믿지 않기 때문에 연결되어 있지 않다.

들뢰즈는 "영화를 만드는 것은 우리가 아니"라며, "세계가 우리에게 말을 거는 나쁜 영화"라고 말한다. 우리는 세계를 절반만 믿는다. 우리의 기관은 인터넷의 무한한 속도에 연결되어 있고 인터넷에 의해 증강되지만, 마음은 손길이 닿지 않아서 금방 사그라든다. 결코 눈만이 대자연을 가로지르는 것은 아니다. 영혼이 세상을 보는 일에 닫혀 있다면, 세상의 구경꾼이 되는 게 무슨 의미가 있을까? 세상의 모든 불행이 가식적인 분노를 불러일으키고 정보의 흐름 속에서 즉시 사라져 버릴 뿐이라면 세상의 모든 불행에 관한 정보를 얻는 것이 무슨 소용이 있을까? 그것을 믿지 못한다면 무슨 소용이 있을까?

디지털 생활은 완전히 새로운 가능성을 열어 주었다. 옛날에 대한 향수 때문에 디지털 생활에서 벗어나려고 하는 것은 터무니없고 부질없는 짓이다. 하지만 너무 넘치지도, 너무 부족하지도 않게 적절한 선을 지킬 수 있도록 노력해야 한다. 스크린 앞에서 보내는 시간을 제한한다고 해서 세상과 단절되는 것은 아니다. 연결을 끊는 것이 아니라 다시 현실과 연결하고 배터리를 충전하는 것이다. 그러지 않으면 가상 세계는 결국 모든 매력을 잃게 될 것이다. 상식의 문제라고 결론을 내리면 될까? 하지만 종종 상식은 철학에서도 좋은 조언을 줄 수 있다.

지은이 **카미유 리키에** Camille Riquier

교수 자격을 취득한 철학 교수이며, 파리 카톨릭대학교 철학부의 학장을 맡고 있다. 잡지 〈에스프리(Esprit)〉의 편집위원이기도 하다. 《베르그손 고고학: 시간과 형이상학》, 《폐기의 철학: 혹은 한 바보의 회고록》, 《우리는 더 이상 믿을 수 없다》, 《데카르트의 변형: 사르트르의 비밀》 등 다양한 저서를 출간했다.

그린이 **캉탱 뒤키** Quentin Duckit

1985년생으로, 프랑스 리옹의 에밀콜미술학교(École Émile Cohl)와 스트라스부르장식미술학교를 졸업하였다. 현재 실크스크린 인쇄, 목공예, 도예, 아동 출판, 언론, 만화 작업 등 다양한 분야에서 활동하고 있다.

옮긴이 **이현**

건국대학교에서 철학을 전공하고 동 대학원에서 철학 석사 학위를 받았으며, 현재 프랑스 서부 카톨릭대학교(Universite catholique de l'ouest) 정신 분석 박사 과정을 수료 중이다.

감수 **김석**

프랑스 스트라스부르대학을 거쳐 파리8대학 철학과에서 '라캉의 욕망하는 주체'를 주제로 철학 박사 학위를 받았다. 귀국 후 철학아카데미, 고려대학교, 서울시립대학교 등에서 강의하다 2009년~2017년 건국대학교 자율 전공학부 교수를 맡았다. 2018년부터는 건국대학교 철학과 교수로 재직 중이다. 정신 분석 개념과 무의식 이론을 적용해 한국 사회의 여러 현상을 심층적으로 분석하면서 욕망의 윤리와 공동체 모델을 철학적으로 제시하는 연구에 집중하고 있다.